A MARI LOLI HIGUERAS

VIEJO ZORTZICO

(ZORTZICO ZARRA)

cresc.
dim.
pp
cresc.
f
dim.
p
f
f
cresc.

ff
f
riten
ff
pp
pp

Poco più lento
p
pp
p marc. il canto
dolce
ten.
ten.
mf
p
pp
p
ten.
mf
cresc.
dim.

f
dim.
pp
p
ff
a tempo
Tempo 1.°
p
ff
mf
poco largamente
a tempo

poco meno
pp
p
Poco più mosso
pp
cresc.
dim.
pp
cresc.
f
dim.
p
f

f
cresc.
ff
f
8
gliss.
pp
8
gliss.
8
8
riten
ff
gliss.
poco accel.
mf
a tempo
sempre cresc.

ff
a tempo
poco largamente
a tempo
pp
ff